# 150

## CURIOSITÉS INCROYABLES SUR LE FOOTBALL

Un recueil de faits, de jeux, de devinettes et de dessins à colorier sur le monde du football, pour les grands et les petits

# INTRODUCTION

Le football est sans aucun doute le sport le plus populaire et le plus fédérateur au monde. Pour certains, il s'agit simplement d'un jeu, pour d'autres, d'une passion et, pour les plus chanceux, d'un travail de rêve.

Comme le disait Pelé : « Le football réunit la musique et la danse en harmonie. Et il n'existe rien de plus amusant qu'un ballon qui rebondit. »

Ce livre a pour vocation d'accompagner tous ceux qui, comme vous, aiment ce sport magnifique, à la découverte des anecdotes les plus intéressantes et incroyables concernant le monde du ballon rond.

Une très grande partie sera dédiée aux statistiques et aux records les plus étonnants, mais aussi aux événements les plus étranges, à l'histoire de certains clubs et de certaines des compétitions les plus importantes, ainsi qu'aux anecdotes uniques concernant la vie privée et professionnelle de vos champions préférés.

Vous serez également confrontés à des mots-croisés, énigmes, grilles de mots et autres jeux pour vous divertir et mettre à l'épreuve vos connaissances.
À la fin du livre, vous trouverez des dessins à colorier et un quiz final à choix multiples pour savoir si vous êtes devenu un véritable expert ou experte du football. Que vous soyez un garçon ou fille, un homme ou une femme, si vous aimez le football et tout ce qui l'entoure, alors vous êtes au bon endroit. Il ne me reste plus qu'à vous souhaiter une bonne lecture et de passer un bon moment, mais surtout une vie pleine de football.

**Cadeau bonus : scannez le code QR pour télécharger les dessins à colorier de tous vos footballeurs préférés. Imprimez-les et amusez-vous à tous les colorier!**

# 1

Le Havre Athletic Club, équipe de football de la ville du Havre, est le plus ancien club de France. Cependant, la fondation du club en 1872 n'est attestée par aucun document de l'époque. Ainsi, officiellement, l'année de fondation est 1894.

# 2

Le Sheffield Football Club, situé dans la ville de Sheffield, est le doyen des clubs de football dans le monde. Fondé en 1957, le club est encore en activité. Le premier maillot de l'histoire de Sheffield était rose, avec un short blanc et des chaussettes noires. Toutefois, l'équipe porte aujourd'hui un maillot à carreaux noirs ainsi qu'un short et des chaussettes noires.

# 3

La première édition de la Coupe du monde de football s'est déroulée en 1930 en Uruguay. Le tournoi ne comprenait qu'une phase finale, à laquelle participaient 13 nations. L'Uruguay a remporté la première Coupe du monde en battant l'Argentine en finale sur le score de 4-2.

# 4

Le premier Ballon d'or de l'histoire a été attribué en 1956 à Stanley Matthews, milieu de terrain anglais. Cette même année, Matthews remporta également le prix du Joueur de l'année décerné par la Football Writers' Association.

# 5

Le match avec le plus grand nombre de buts de l'histoire du football s'est déroulé le 31 octobre 2002 à Madagascar. Cette rencontre, comptant pour le championnat de Madagascar, a vu l'AS Adema battre le SO de l'Emyrne 149-0. Le SO de l'Emyrne a volontairement perdu le match afin de protester contre les décisions arbitrales des rencontres précédentes. L'entraîneur, en effet, a demandé à ses joueurs de marquer contre leur camp pour montrer leur mécontentement. En raison du score, ce match est aussi un record concernant le plus grand nombre de buts contre son camp. Pour mémoire, avant ce match, le record du plus grand nombre de buts avait été établi lors du match entre Arbroath et Bon Accord, en Coupe d'Écosse le 12 septembre 1885, conclu sur le score
de 36-0.

# 6

Stanley Matthews avait 41 ans quand il a remporté son premier Ballon d'or en 1956. Il est ainsi le plus vieux joueur à avoir remporté ce trophée.

# 7

Le premier champion d'Italie est le Genoa, en 1898. L'équipe de la Ligurie a remporté le titre trois années de suite. En 1901, le Milan met fin à cette domination en remportant le premier championnat de son histoire. Le Genoa a comptabilise neuf titres de champion d'Italie dans son histoire.

# 8

Gunnar Andersson est le meilleur buteur de l'histoire de l'Olympique de Marseille, avec un total de 187 buts.

# 9

Le Bolivien Mauricio Baldivieso est le plus jeune joueur à avoir débuté au plus haut niveau. Il a joué son premier match en 2009 à l'âge de 12 ans pour le club d'Aurora di Cochabamba, équipe bolivienne.

# 10

Aux Jeux olympiques d'Atlanta en 1996, lors du match Brésil - Hongrie, Ronaldo Luis Nazario de Lima a profité d'un moment de confusion pour se soulager sur le terrain. Il l'a lui-même avoué peu après, expliquant qu'il s'était agenouillé et caché derrière le ballon. Une envie pressante ne peut jamais attendre !

## 11

Lionel Messi est le meilleur marqueur de la Liga espagnole, avec 474 buts en 520 matchs sous le maillot du FC Barcelone.

## 12

Lionel Messi détient aussi le record du plus grand nombre de buts marqués sur une saison en Liga espagnole. En effet, lors de la saison 2011-2012, il a inscrit 50 buts en 37 matchs. À la seconde place, sans surprise, on retrouve Cristiano Ronaldo, qui a marqué 48 buts lors de la saison 2014-2015.

# 13

Le FC Barcelone est la première équipe à avoir remporté la Liga espagnole lors de la saison 1928-1929.

# 14

Le Real Club Recreativo de Huelva, fondé en 1889 et situé dans la ville de Huelva, est le plus ancien club d'Espagne. Les couleurs de l'équipe sont le blanc et le bleu.

# 15

Alessandro Del Piero est le meilleur buteur de l'histoire de la Juventus avec 290 buts.

# 16

Gunnar Nordahl, attaquant suédois et troisième meilleur buteur de l'histoire de la Serie A, est le meilleur marqueur de l'histoire du Milan avec 221 buts.

# 17

La rencontre Sampdoria - Piacenza, jouée le 19 octobre 1997, détient le record du plus grand nombre de cartons rouges dans un match de Serie A. Pendant la rencontre, l'arbitre Roberto Bettin a sorti cinq cartons rouges. La partie s'est terminée à huit contre neuf, mais au contraire de ce que l'on peut penser, les joueurs ne se sont pas si mal comportés. En effet, les journaux de l'époque parlaient d'une partie gâchée par un arbitrage bien trop pointilleux.

# 18

Le jour du baptême de Cristiano Ronaldo, son père et son parrain sont arrivés en retard à l'église parce qu'ils étaient en train de jouer au football.

# 19

Les premiers mois à Lisbonne ont été difficiles pour Cristiano Ronaldo. Il pleurait tous les jours et appelait sa mère en la suppliant de rentrer chez lui. « Non Cristiano, tu dois devenir footballeur, » lui répondait sa mère qui voulait en réalité le tenir éloigné de son père alcoolique.

# 20

Lionel Messi, considéré comme l'un des plus grands footballeurs de l'histoire, a été écarté par le club de Calcio Como à l'âge de 15 ans. Pourquoi ? Il était trop fragile.

# 21

Les grands-parents paternels de Lionel Messi étaient d'origine italienne. Angelo Messi est né en 1866 à Recanati et a vécu avec sa femme Maria Latine à Montefano, dans la région de Macerata. Ils sont ensuite partis pour l'Argentine.

# 22

Quand Leo Messi exulte en levant les doigts et les yeux au ciel, il le fait en mémoire de grand-mère Celia, qui le conduisait à tous ses entraînements lorsqu'il était enfant. Décédée en 1998, elle n'a jamais éprouvé la joie de voir l'énorme succès de son petit-fils.

# 23

Lionel Messi s'engage depuis longtemps en faveur des associations caritatives. En effet, l'ambassadeur de l'Unicef a créé en 2007 la Fondation qui s'occupe de fournir un soutien, notamment médical, aux enfants dans le besoin.

## 24

Le premier Championnat d'Europe de football s'est joué en 1960 en France. Le titre fut remporté par l'Union soviétique, en battant la Yougoslavie 2-1 après prolongation.

## 25

L'Italie a remporté sa première Coupe du monde en 1934 face à la Tchécoslovaquie sur le score de 2-1. Il s'agissait de la deuxième édition de la Coupe du monde et le pays hôte n'était autre que l'Italie.

# TROUVEZ LE JOUEUR CACHÉ

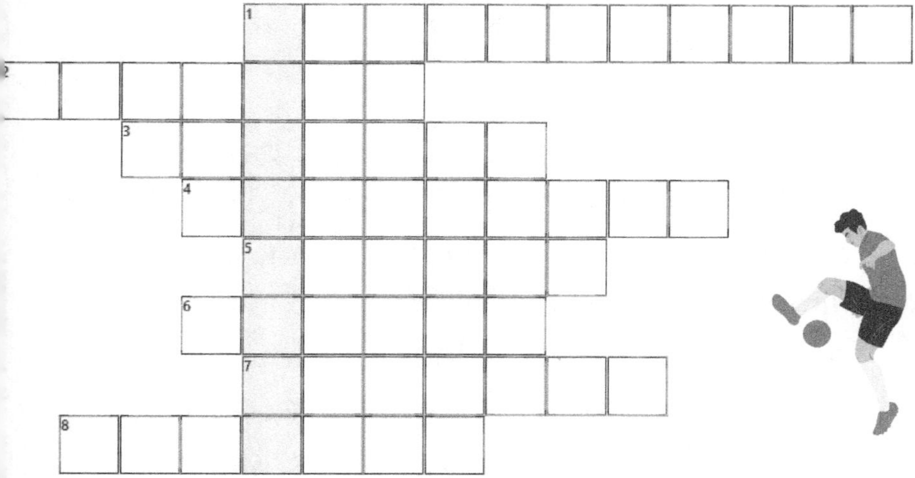


*Les solutions sont à la page 119*

1. Célèbre équipe turque

2. Surnommé « El Cholito »

3. Lieu de naissance Van Basten

4. Stade de Marseille

5. Porte une tenue grenat

6. Stade qui a accueilli la finale de la Coupe du monde en 1970 et 1986

7. Nome de baptême de Koulibaly

8. Milieu de terrain de nationalité suisse

# 26

Lev Yashin est toujours le seul gardien de but à avoir remporté le Ballon d'or. Il fut couronné en 1963 devant Gianni Rivera et Jimmy Greaves. Le dernier défenseur russe a aussi été désigné meilleur gardien de but du 20ème siècle. Ses dernières années, de nombreux gardiens de but se sont classés sur le podium du Ballon d'or : Dino Zoff, Ivo Viktor, Oliver Kahn, Gigi Buffon et Manuel Neuer. Pour faire face au problème difficile d'élire un gardien de but, France Football a introduit en 2019 le trophée Yashin, pour récompenser le meilleur gardien de but de l'année.

# 27

Considérés comme deux des plus grands joueurs de l'histoire du football, Maradona et Pelé n'ont jamais remporté le Ballon d'or. Pourquoi ? Pendant des décennies, le trophée n'était décerné qu'aux joueurs européens. Sivori et Di Stefano ont malgré tout pu remporter le trophée grâce à des ancêtres du vieux continent. Maradona et Pelé n'ont pas eu cette possibilité en raison de leur unique passeport argentin et brésilien.

# 28

Le maillot de la Juventus est blanc à rayures verticales noires, traditionnellement associé à un short et des chaussettes blanches. La tenue d'origine, adoptée lors de la saison 1897 – 1898, était composée d'un maillot rose (assorti à une cravate ou un nœud papillon) et d'un short noir. Mais en raison des nombreux lavages, le rose se décolorait et le club décida de changer de tenue. Au début du 20ème siècle, on demanda à l'Anglais Savage, membre du club, de chercher dans son pays une tenue plus adaptée et résistante à l'usure. Savage avait un ami à Nottingham, supporter de Notts County, dont le maillot possédait des rayures blanches et noires : il décida donc de ramener à Turin un ensemble similaire à celui adopté par l'équipe anglaise.

# 29

À Turin, un groupe d'amis unis par la passion du football, sport nouvellement importé d'Angleterre, a décidé de fonder un club sportif. Les garçons étudiaient au Lycée classique Massimo D'Azeglio et le plus âgé d'entre eux n'avait pas plus de 17 ans. C'est pourquoi le nom choisi en latin, Juventus, signifie « jeunesse ». Cela s'est produit le 1er novembre 1897, quand ces étudiants, sans le savoir, créèrent ce qui deviendrait l'un des plus grands clubs d'Italie et d'Europe.

# 30

Aujourd'hui, Gigi Riva est le meilleur buteur de l'équipe nationale italienne de football avec 35 buts à son actif. On retrouve à la deuxième place Giuseppe Meazza avec 33 buts et à la troisième place Silvio Piola avec 30 buts.

# 31

Le meilleur marqueur de l'histoire de l'Inter est Giuseppe Meazza avec 284 buts. On retrouve à la deuxième place Alessandro Altobelli avec 209 buts et à la troisième place Roberto Boninsegna avec 171 buts.

# 32

Le premier match officiel entre deux équipes nationales est la rencontre Écosse - Angleterre le 30 novembre 1872. La partie s'est terminée sur le score de 0-0.

# 33

La Juventus est l'équipe ayant remporté le plus de titres de champion de Serie A consécutifs. En effet, les « bianconeri » ont été 9 fois champions d'affilée entre les saisons 2011-2012 et 2019-2020. L'Inter a mis fin à ce record historique.

# 34

Le but le plus rapide de l'histoire a été inscrit en Égypte par Nawaf Al Abed en seulement 2,3 secondes en 2009. Il l'a marqué directement du milieu du terrain. Al-Hilal a gagné 4-0, mais les officiels de la compétition ont constaté une anomalie (certains joueurs avaient plus de 23 ans et étaient donc inéligibles) et le match s'est soldé par une défaite 0-3 sur tapis vert, entraînant l'annulation de ce qui aurait dû être le but le plus rapide de l'histoire. Dans le football professionnel, le bit le plus rapide est officiellement attribué à Ricardo Oliveira, qui a marqué après 2,8 secondes de jeu dans le match Rio Negro Capital - Soriano Interior, en 1998.

# 35

Le Milan, du 26 mai 1991 au 21 mars 1993, est resté invaincu pendant 58 matchs, établissant le record absolu d'invincibilité en Serie A. Cette série sans défaire a débuté lors du match Milan - Parma 0-0 pour se terminer par la rencontre Milan - Parma 0-1.

# 36

Le record d'invincibilité sur une saison de Ligue 1 appartient à Nantes, qui lors de la saison 1994-95 est resté invaincu pendant 32 matchs.

## 37

Le record du plus grand nombre de buts marqués par un club sur une saison de championnat appartient au Torino, avec 125 buts lors de la saison 1947-48.

## 38

Le record de points en Serie A est détenu par la Juventus, qui a remporté le championnat en 2013-14 avec 102 points. On retrouve à la deuxième place l'Inter 2006-2007 avec 97 points et à la troisième place la Juventus 2017-18 avec 95 points.

# 39

Le 16 juillet 1950 s'est disputé au Maracanã le match Brésil - Uruguay, rencontre de la poule finale de la quatrième édition de la Coupe du monde de football. Il y avait dans les gradins 199 854 supporters, record du nombre de spectateurs pour un match de football. La partie s'est conclue par la défaite du Brésil sur le score de 1-2, connue dans l'histoire comme le « Maracanaço », c'est-à-dire le désastre du Maracanã.

# 40

En Italie, un match a été suspendu à cause d'un OVNI. Oui, vous avez bien lu. Le 27 octobre 1954, à Florence, on a pu observer un objet volant non-identifié, à deux moments distincts de la journée dans deux lieux différents de la ville : à la Cathédrale de Florence et au Stade communal. Sur le terrain se jouait un match amical entre la Fiorentina et Pistoiese, quand en seconde mi-temps les 10 000 spectateurs présents, pour le moins étonnés, ont levé les yeux au ciel. L'arbitre fut contraint d'interrompre le match. Son rapport comporte la mention suivante : partie suspendue pour cause d'OVNI. Il s'agit toujours du premier et unique cas dans l'histoire du football. Le match reprit et se solda par la victoire de la Fiorentina 6-2.

# 41

Le Real Madrid est le premier club à avoir remporté la Ligue des champions UEFA lors de la saison 1955-56. Les Blancs ont remporté 5 titres consécutifs avant de céder le trophée à Benfica.

# 42

Le meilleur buteur de l'histoire du Real Madrid est Cristiano Ronaldo, avec 450 buts en 438 matchs. Une moyenne de plus d'un but par match.

# 43

La première équipe italienne à remporter la Ligue des champions n'est autre que le Milan, lors de la saison 1962-63.

# 44

La première édition de la Copa América s'est déroulée en 1916 en Argentine. L'Uruguay remporta le titre. Toutefois, à l'époque, la compétition s'appelait le Championnat sud-américain de football. C'est seulement en 1975 que le tournoi prit le nom de Copa América avec le sacre du Pérou.

## 45

Le plus long record d'invincibilité de l'histoire de la Premier League appartient à, qui a enchaîné 49 matchs consécutifs sans défaite entre le 7 mai 2003 et le 16 octobre 2004, avant de tomber face à Manchester United sur le score de 2-0.

## 46

Le footballeur ayant joué le plus grand nombre de matchs en Premier League est l'Anglais Gareth Barry, avec 653 matchs disputés sous les couleurs d'Aston Villa, de Manchester City, d'Everton et de West Bromwich Albion. Suivent Ryan Giggs et Frank Lampard, avec respectivement 632 et 609 matchs.

# 47

Alex Ferguson est l'entraîneur ayant remporté le plus de championnats anglais, avec 13 titres à la tête de Manchester United. Il a remporté son premier championnat lors de la saison 1992-93, le dernier en 2012-13.

# 48

Preston N.E. est la première équipe à avoir remporté le championnat anglais, lors de la saison 1888-1889.

# 49

En Bundesliga, la victoire avec le plus grand nombre de buts appartient au Borussia M'gladbach, qui a gagné 12-0 contre le Borussia Dortmund lors de la saison 1977-78.

# 50

Miroslav Klose est le meilleur buteur de l'équipe nationale allemande. Entre 2001 et 2014, il a inscrit 71 buts. Suivent Gerd Muller avec 68 buts et Lukas Podolski avec 49 buts.

# MOTS-CROISÉS SUR LE FOOTBALL

**HORIZONTAL**

**2.** Lieu de naissance de Leo Messi **-** **5.** Surnommé « la fourmi atomique » - **6.** Emblème de la Fiorentina - **8.** Surnommé « le cygne de Sarajevo » - **10.** Meilleur buteur de l'histoire du Milan - **11.** Équipe appelée « la Roja » - **12.** A remporté le Ballon d'or en 2003 - **13.** Le nom des supporters de Barcelone

**VERTICAL**

**1.** Emblème du Genoa - **3.** Meilleur marqueur de l'histoire de la Serie A - **4.** Stade de Liverpool - **7.** Record de buts inscrits dans un match de Serie A - **9.** Tortue Ninja qui donne son surnom à un joueur

*Les solutions sont à la page 119*

# 51

Hans-Jörg Butt, ex-gardien de but allemand, était un spécialiste des penalties. Il les tirait et en obtenait parfois dans la surface de réparation adverse, dans les dernières minutes d'un match à la recherche du but victorieux. C'est pourquoi Butt a marqué 26 buts en Bundesliga. Il a joué pour Hamburger SV, le Bayer Leverkusen et le Bayern Munich.

# 52

Rogerio Ceni, considéré comme l'un des plus grands gardiens de but de l'histoire du Brésil, a marqué 131 buts dans sa carrière, la plupart sur coup-francs et penalties, et un dans le jeu. En effet, la Fédération internationale d'histoire et de statistiques du football considère qu'il est le meilleur buteur de l'histoire du football au poste de gardien de but.

# 53

Gianluigi Buffon, l'un des plus grands gardiens de l'histoire du football, a préservé ses buts inviolés pendant 973 minutes lors de la saison 2016-2017 sous les couleurs de la Juventus, un record en Serie A. Suivent Sebastiano Rossi (Milan 1993-1994), avec 929 minutes d'invincibilité, et Dino Zoff avec 903 minutes d'invincibilité lors de la saison 1972-1973 sous les couleurs de la Juventus.

# 54

George Weah est le premier joueur non-européen à avoir remporté le Ballon d'or. La star du Libéria a soulevé le trophée en 1995, alors qu'il jouait pour le Milan.

# 55

La Juventus, avec plus de 8 millions de supporters, est l'équipe la plus populaire d'Italie.

# 56

La première édition de la Coupe d'Italie s'est déroulée en 1922 et a été remporté par le Vado FC, qui a battu en finale l'Udinese sur le score de 1-0. Le Vado FC est un club de football situé dans la ville de Vado Ligure, dans la région de Savone.

# 57

La France a remporté sa première Coupe du monde en 1998, en battant le Brésil 3-0 en finale. La France était également le pays hôte.

# 58

Le Napoli a remporté son premier championnat lors de la saison 1986-87. Diego Armando Maradona était le principal acteur de ce succès.

# 59

Le plus jeune joueur à avoir remporté le Ballon d’or est Ronaldo Luìs Nazàrio de Lima, surnommé « le phénomène », à l’âge de 21 ans et 3 mois en 1997. En 2002, il remporte le Ballon d’or pour la seconde fois.

# 60

Leicester City Football Club a remporté la Premier League pour la première fois de son histoire lors de la saison 2015-2016 sous la direction de l'entraîneur italien Claudio Ranieri. Ce triomphe a été pour le moins surprenant étant donné la forte concurrence mais Leicester a su déjouer les pronostics pour atteindre le sommet du classement. Ce succès est considéré comme l'un des plus surprenants de l'histoire de ce sport.

## 61

Francesco Totti, joueur de la Roma pendant 25 ans, totalise 307 buts en 786 matchs, entre le championnat et les coupes. Il est ainsi devenu le meilleur marqueur de l'histoire de l'AS Roma.

## 62

La Roma a remporté son premier championnat lors de la saison 1941-1942.

## 63

La SS Lazio est la quatrième équipe, après le Torino, la Juventus et le Napoli à avoir réalisé, lors de la saison 1999-2000, le doublé Coupe d'Italie/championnat.

## 64

La SS Lazio a remporté son premier championnat d'Italie lors de la saison 1973-1974.

# 65

Le Ballon d'or féminin a été introduit par France Football en 2018. La première joueuse à l'avoir remporté est Ada Hegerberg, attaquante norvégienne de l'Olympique Lyonnais.

# 66

La première édition de la Coupe du monde féminie s'est disputée en Chine en 1991. Le titre a été remporté par les États-Unis face à la Norvège sur le score de 2-1.

# 67

Le premier Championnat d'Europe de football féminin s'est déroulé en 1984 et a vu le succès de la Suède. En finale, les Suédoises ont battu l'Angleterre aux tirs au but, après avoir gagné le match aller 1-0 et perdu le match retour 0-1. Il s'agit de la première et unique finale jouée en matchs aller-retour.

# 68

L'Association de football féminin de Gênes, née en 1967, a remporté son premier championnat italien de football féminin en 1968. Gênes a dit adieu au football national en 1972, après son exclusion du championnat pour avoir refusé de jouer contre Aoste sans informer personne au préalable.

# 69

La première édition de la Coupe d'Afrique a eu lieu au Soudan en 1957. L'Égypte a remporté la victoire face à l'Éthiopie sur le score de 4-0.

# 70

Le meilleur marqueur de l'histoire de la Coupe d'Afrique est toujours le Camerounais Samuel Eto'o avec 18 buts au total.

# 71

La Ligue des champions UEFA féminine la plus grande compétition de football pour les clubs européens. Créée lors de la saison 2001-2002, l'UEFA Women's Cup est la version féminine de la Ligue des champions UEFA. Le premier club à avoir remporté le trophée est le Frauen Fussball Club Frankfurt, plus connu sous le nom de FFC Frankfurt.

# 72

La première édition de la Coupe d'Asie s'est déroulée à Hong Kong en 1956. Elle a été remportée par la Corée du Sud.

# 73

L'iranien Ali Daei est le meilleur marqueur de l'histoire de la Coupe d'Asie, avec 14 buts.

# 74

L'Olympique Lillois, club de football français fondé en 1902, est connu pour avoir remporté le premier championnat de France de l'histoire lors de la saison 1932-33. Plus tard, en 1944, le club décide de fusionner avec Fives et change de nom pour devenir le LOSC Lille.

# 75

L'idole de jeunesse de Kylian Mbappé est Cristiano Ronaldo, dont il avait le poster dans sa chambre.

# 76

L'un des surnoms de Mbappè est « Donatello », en raison de sa ressemblance présumée avec une célèbre Tortue Ninja. Deux autres de ses surnoms sont Kik's ou Bip Bip, en raison de son incroyable vitesse.

# MOTS CACHÉS

| | | | | | | | | | | | | | |
|---|---|---|---|---|---|---|---|---|---|---|---|---|---|
| M | S | P | G | S | U | P | A | M | E | C | A | N | O |
| A | Q | E | A | B | Q | O | E | G | I | R | O | U | D |
| I | Q | B | V | G | O | D | E | S | H | A | M | P | S |
| G | Q | U | I | P | X | Z | A | C | T | W | R | B | G |
| N | L | F | O | G | L | K | A | S | Q | Z | G | F | B |
| A | G | F | P | Y | K | O | W | G | S | B | W | C | A |
| N | L | O | P | F | M | E | S | T | A | L | L | A | R |
| N | O | N | E | M | E | J | F | I | W | X | T | O | T |
| D | S | X | D | A | I | W | D | R | I | N | W | L | E |
| A | U | E | R | P | A | V | V | V | B | Q | U | A | S |
| L | C | O | I | R | A | B | I | O | T | U | B | S | W |
| I | N | I | E | S | T | A | O | T | D | P | Z | J | K |
| Y | I | B | E | R | N | A | B | E | U | U | F | S | C |
| H | G | M | G | U | A | R | D | I | O | L | A | E | D |

*Les solutions sont à la page 119*

# 77

Chris Smalling, comme d'autres sportifs célèbres, suit un mode de vie végan avec sa femme et son fils Leo. Au petit-déjeuner, le défenseur anglais apprécie le porridge avec un yaourt végétal, des flocons d'avoine complets, des fruits frais et des fruits secs ou à coque. Au déjeuner et au dîner, il mange des pates ou du riz complet et, pour les bonnes graisses, il ajoute de l'huile d'olive, des fruits à coques (noix, noisettes, amandes, noix de cajou) et de l'avocat. Il ingère des protéines grâce aux pois chiches, lentilles, haricots et autres légumes, au tofu, seitan, burgers végétaux et autres produits végétaux. Smalling a déclaré avoir choisi ce mode de vie végan pour deux raisons principales : le respect des animaux et son bien-être physique. Un régime végan équilibré est en effet conforté par la science et apporte des bénéfices importants en termes de santé (ainsi que pour l'environnement).

# 78

Le père de Erling Haaland était footballeur professionnel, au poste de défenseur et de milieu de terrain. Alf-Inge Haaland a eu une bonne carrière en Premier League, entre Nottingham Forrest, Leeds et Manchester City. Hélas, le père Haaland est avant tout connu pour la grave blessure qu'il a subi en avril 2001 sur un tacle fou de Roy Keane dans le derby de Manchester. Cette terrible blessure sonna la fin de carrière de Alf-Inge Haaland.

# 79

Erling Haaland s'est révélé au monde entier le 30 mai 2019, lors d'un match de la Coupe du monde des moins de 20 ans. Le bombardier norvégien avait alors inscrit neuf buts dans le même match, lors de la victoire 12-0 contre le Honduras.

# 80

Gry Marita Braut, la mère de Erling Haaland, est une ex- heptathlète. L'heptathlon est une compétition dans laquelle chaque athlète participe à sept épreuves sportives différentes.

# 81

Les capacités athlétiques extraordinaires de Haaland pourraient lui permettre d'affronter les meilleurs sprinteurs du monde. En effet, lors d'un match, il aurait couru 60 mètres en 6"64, seulement 3 dixièmes de plus que le record mondial de Christian Coleman. Mais tout cela sur un terrain de football et non sur une piste d'athlétisme.

# 82

Lionel Messi détient le record de buts inscrits en compétitions officiels sur une saison (82 buts en 2011-2012) ou sur une année civile, avec 91 buts en 2012.

# 83

Le football semble être né en Chine, au 11ème siècle avant Jésus-Christ, et était alors appelé Tsu-chu. Il s'agissait d'un jeu comprenant l'utilisation d'un ballon rempli de plumes ou de cheveux féminins, lequel devait être envoyé dans un filet monté au sommet de tiges de bambou uniquement à l'aide des pieds.

# 84

En Italie, le football a connu son âge d'or dans la ville de Florence, sous le règne des Médicis. Le terrain de jeu se situait sur la place Santa Croce et le quartier (l'équipe) qui gagnait s'appropriait les étendards de l'adversaire. Chaque quartier était constitué de 27 joueurs : 15 divisés en trois groupes de 5, ils formaient la « linea degli innanzi » et devaient attaquer ; cinq, appelés les « sconciatori », formaient la deuxième ligne et devaient intercepter l'adversaire ; quatre composaient la troisième ligne, les « datori innanzi », qui relançaient la balle vers les « innanzi » ; trois, enfin, formaient la dernière ligne des « datori indietro », qui empêchaient les « innanzi » adverses d'atteindre le fond du terrain avec la balle pour marquer un point.

# 85

Le 6 janvier 1911, l'équipe nationale italienne de football a joué pour la première fois avec un maillot bleu contre la Hongrie. Précédemment, le maillot porté par l'équipe nationale, à partir du 15 mai 1910, date de son premier match officiel contre la France, était blanc, avec des poignets et cols amidonnés et un ruban tricolore. Cette tenue a été choisi pour sa ressemblance à celle de Pro Vercelli, le club italien le plus fort de l'époque. Le célèbre et populaire maillot bleu est apparu pour la première fois le 16 janvier 1911. Le bleu était en effet la couleur de la bannière de la maison royale de Savoie, dont les armoiries ont été placées sur le maillot.

# 86

Juninho Pernambucano est le joueur ayant marqué le plus de buts sur coup-franc, avec 77. L'ex-milieu de terrain brésilien a joué pour le Vasco de Gama, Sport Recife, l'Olympique Lyonnais, Al-Gharafa, le New York Red Bull et l'équipe nationale brésilienne. On retrouve à la deuxième place de ce classement la légende Pelé avec 70 buts, devant son compatriote Ronaldinho et l'ex-star argentine Vitor Legrotaglie avec 66 buts.

# 87

Le tir le plus puissant de l'histoire a été réalisé par Ronny Heberson, joueur brésilien ayant porté les couleurs de nombreux clubs, dont le Sporting Lisbonne. C'est justement sous le maillot du Sporting, le 26 novembre 2006, pendant un match de championnat sur le terrain de Naval, que le Brésilien a tiré un missile sur coup-franc dont la vitesse a été calculée à 221 km/h. Cette fusée est entrée dans le but laissant le portier adverse impuissant. On retrouve à la deuxième place de ce classement Ronald Koeman, lors des prolongations de la finale de Ligue des champions entre Barcelone et la Sampdoria, sur le coup-franc qui a transpercé Pagliuca, impuissant face à ce missile d'une vitesse de 188 km/h. David Trezeguet se classe troisième avec un tir d'une vitesse de 155 km/h.

# 88

Le véritable nom de Ronaldinho est Ronaldo de Assis Moreira. Pour se distinguer de Ronaldo « le phénomène » se fait appeler Ronaldinho. Chose surprenante, Ronaldo se faisait appeler Ronaldinho au début de sa carrière, pour se distinguer d'un autre Ronaldo, celui-ci gardien de but.

# 89

La Coupe du monde des clubs de la FIFA a été organisée pour la première fois en janvier 2000. Les Corinthians ont remporté cette première édition aux tirs au but face au Vasco de Gama. Le Milan a été le premier club italien à s'imposer dans cette compétition en 2007.

# 90

Les spécialistes pensaient que Roberto de Assis Moreira avait plus de talent que son petit frère Ronaldinho. Malheureusement, après avoir signé un contrat avec le Torino, une grave blessure mit fin à sa carrière. Il s'est alors reconverti pour devenir l'agent de son frère cadet.

# 91

Les dribbles de Ronaldinho étaient de véritables œuvres d'art. Son secret, comme il l'a avoué, est son amour pour les chiens. En effet, quand il était petit, il s'amusait à les dribbler.

# 92

Le fils de Ronaldinho, né le 25 février 2005, s'appelle Joao, le même nom que son grand-père, disparu lorsque Ronaldinho n'avait que 8 ans.

# 93

En 1929-1930 s'est disputé le premier championnat de Serie B. Le club de Casale est arrivé en première position, suivi de Legnano. Les deux équipes furent promues en Serie A.

# 94

Le meilleur buteur de Serie B est Stefan Schwoch avec 135 buts.

# 95

Jusqu'à l'âge de 12 ans, Buffon jouait au poste de milieu de terrain. Mais la performance du gardien de but camerounais Thomas N'kono lors de la Coupe du monde 1990 a marqué le jeune footballeur. Grâce à lui, Buffon a changé de poste pour jouer dans les buts.

# 96

En 2008, Gigi Buffon a participé au film de Lino Banfi « L'allenatore nel Pallone 2 » en compagnie d'Alessandro Del Piero, Francesco Totti, Luca Toni, Fabio Galante, Marco Amelia, Giancarlo Antognoni, Ciccio Graziani et Roberto Pruzzo. Buffon jouait le rôle d'un magistrat.

# 97

Gigi Buffon a avoué qu'entre 2004 et 2005 il souffrait d'une sévère dépression. Une énième preuve que l'argent aide beaucoup mais ne fait pas toujours le bonheur.

# 98

Le record du nombre de penalties arrêtés en une saison de Serie A est toujours détenu par Samir Handanovic, avec six penalties arrêtés sous le maillot de l'Udinese en 2010-11.

# 99

Cristiano Ronaldo possède toujours le record du plus grand nombre de buts inscrits en une seule édition de la Ligue des champions UEFA. En effet, lors de la saison 2013-14, il a marqué 17 buts.

## 100

La première édition de l'Europa League, appelée à l'époque la Coupe UEFA, a été remporté par Tottenham lors de la saison 1971-72.

## 101

Lors de la saison 1976-77, la Juventus a remporté pour la première fois l'Europa League, devenant ainsi la première équipe italienne à s'octroyer ce trophée.

# MOTS-CROISÉS : ÉQUIPES NATIONALES

**HORIZONTAL**

**3.** Recordman de sélections avec l'Italie - **7.** Surnom de l'équipe nationale hollandaise - **8.** Meilleur buteur de l'histoire de l'Italie - **12.** Meilleur buteur de la Coupe d'Afrique 2021 - **13.** Il y a un soleil au centre de son drapeau - **14.** Ses joueurs sont appelés les « Auriverdes »

**VERTICAL**

**1.** Porte une tenue aux couleurs à damiers blancs et rouges la divisa - **2.** Meilleur joueur du mondial 2006 - **3.** Ses joueurs sont appelés les « Diables rouges » - **5.** Couleur de la tenue d'origine de l'équipe nationale italienne **- 6.** Meilleur joueur du mondial 2018 - **9.** Meilleur buteur du mondial 2018 - **10.** Meilleur buteur de l'histoire du Sénégal - **11.** Il a remporté la Coupe d'Afrique en 1976 **- 14.** Il a entraîné l'équipe d'Italie championne du monde en 1982

*Les solutions sont à la page 119*

# 102

La première équipe à remporter la Bundesliga, devenant ainsi champion d'Allemagne, est le VfB Leipzig en 1902-1903.

# 103

Le record du plus grand nombre de buts inscrits en Bundesliga sur une seule saison appartient à Robert Lewandowski. En effet, lors de la saison 2020-2021, le joueur a marqué 41 buts.

# 104

Lewandowski a grandi dans une famille de sportifs. Son père, Krysztof, était un champion de Judo mais aussi un joueur de football ayant évolué en deuxième division polonaise. Sa mère était une joueuse de volley-ball professionnelle, tout comme sa sœur, Milena Lewandowska.

# 105

La ville de Londres compte 12 équipes de football. Pourtant, aucune d'entre elles ne porte le nom de la capitale anglaise. En effet, ces équipes ont tendance à prendre le nom du quartier d'où elles sont originaires, à quelques exceptions près. Voici ces 12 équipes : Arsenal, Chelsea, Fulham, Tottenham Hotspur, West Ham United, Crystal Palace, Charlton Athletic, Millwall, Queens Park Rangers, Brentford, AFC Wimbledon et Leyton Orient.

# 106

Arsenal a été fondé en 1886 et joue en première division anglaise depuis la saison 1919-20. Son nom (et l'emblème du canon, d'où vient le surnom Gunners) provient de l'Arsenal royal. À cet égard, les ouvriers de cette usine de munitions et d'explosifs constituaient précisément le noyau d'origine du club. Concernant les rivalités locales, son ennemi historique est sans aucun doute le club de Tottenham, contre lequel il joue le North London Derby.

# 107

Thierry Henry est le meilleur buteur de l'histoire d'Arsenal, avec 229 buts entre 1999 et 2007.

# 108

Depuis sa création en 1905, Chelsea joue ses matchs à domicile dans le stade de Stamford Bridge, situé dans le quartier de Fulham (West London).

# 109

Fondé en 1882, le club de Tottenham représente son quartier homonyme. Comme mentionné précédemment, son plus grand rival est Arsenal. Les supportes des Spurs sont avant tout caractérisés d'un point de vue symbolique : le club est ancré dans le quartier hébraïque de Londres. C'est pour cette raison que les supporters (composés également de chrétiens et de personnes d'autres confessions) combattent les chants antisémites assez fréquents dans le championnat anglais.

# 110

Fulham est le plus ancien club de football de Londres encore en activité, fondé en 1879. Avec ses couleurs blanches et noires, il est situé dans le quartier de Hammersmith & Fulham, où se trouve également son stade, Craven Cottage.

# 111

Quand Neymar Jr avait 14 ans, il a failli jouer pour le Real Madrid. Il a participé aux entraînements pendant 19 jours, inscrivant 19 buts, mais sa famille ne voulait pas lui faire quitter le Brésil si jeune.

# 112

Les Queens Park Rangers, ou QPR, sont l'une des équipes du centre historique de Londres. Né en réalité dans le quartier de Hammersmith & Fulham, le club est situé à Loftus Road. Fondé entre 1882 et 1886, sa date de création n'est pas connue avec précision. Ses plus grands rivaux sont Fulham et Chelsea, deux autres clubs du centre historique de Londres.

# 113

Angel Di Maria, comme beaucoup le savent, est surnommé El Fideo, qui signifie littéralement « le spaghetti ». Le mot « fideo » vient du mot « fidé », nom donné par les immigrés génois à un type de spaghetti très fin, plus précisément les « fidelino ». La raison de ce surnom est attribuée à sa carrure plutôt frêle.

## 114

L'Unione Calcio Sampdoria est situé dans la ville de Gènes. Surnommé la Samp ou la Doria, le club est né le 12 août 1946 de la fusion entre la Sampierdarenese et l'Andrea Doria. Les « blucerchiati » ont remporté leur premier et unique titre de champion (pour le moment) lors de la saison 1990-1991.

## 115

Le footballeur ayant joué le plus grand nombre de matchs sous les couleurs de la Sampdoria n'est autre que Roberto Mancini avec 567 rencontres disputées entre 1982 et 1997. Suivent Moreno Mannini avec 501 matchs et Pietro Vierchowod avec 493 matchs.

# 116

Hugo Lloris est le joueur le plus capé de l'équipe de France de football. Il compte actuellement 145 sélections.

# 117

De 1968 à 1991, le Soulier d'or récompensait le meilleur buteur entre tous les championnats européens, sans tenir compte du niveau de difficulté selon les pays. Le premier joueur à remporter le Soulier d'or n'est autre qu'Eusébio, avec 42 buts marqués sous les couleurs de Benfica.

# 118

De 1992 à 1996, le Soulier d'or n'a pas été attribué. Mais à partir de 1997, le trophée a été réintroduit en utilisant un nouveau système de comptage basé sur le coefficient UEFA. En effet, les buts marqués dans les championnats classés entre la première et la cinquième place valent 2 points, alors que les buts marqués dans les championnats classés entre la sixième et la vingt-deuxième place valent 1,5 points. Pour tous les autres championnats, ils valent seulement 1 point. Ronaldo « le phénomène » fut le premier joueur à remporter le trophée avec ce système, en marquant 34 buts sous les couleurs de Barcelone en 1996-97.

# 119

Thierry Henry est le premier joueur Français à avoir remporté le Soulier d'or, avec 30 buts inscrits lors de la saison 2003-2004 sous le maillot d'Arsenal.

# 120

Lionel Messi a remporté 6 fois le Soulier d'or, le dernier lors de la saison 2018-2019. Le phénomène argentin est le joueur ayant remporté le plus grand nombre de Souliers d'or.

# 121

Le meilleur buteur de l'histoire de la sélection iranienne est Ali Daei, avec 109 buts en 149 matchs entre 1993 et 2006.

# 122

Le meilleur buteur de l'histoire de la sélection turque est Hakan Şükür, avec 51 buts en 112 matchs entre 1992 et 2007.

# 123

Karim Mostafa Benzema est né à Lyon le 19 décembre 1987 d'un père algérien originaire de Tighzert et d'une mère française, fille d'immigrés algériens. Son surnom, « Karim the Dream », vient du fait de nombreux clubs aimeraient compter le joueur dans leurs rangs. Benzema a débuté au plus niveau alors qu'il n'avait pas encore 18 ans, avec l'Olympique Lyonnais. Le tournant de sa carrière est sa titularisation lors de la saison 2007-2008 pour terminer meilleur buteur avec 25 buts. L'année suivante, Karim fait encore mieux, en inscrivant un total de 29 buts. Lors du mercato estival de 2009, il rejoint le Real Madrid en même temps que CR7, Kakà, Xabi Alonso et Albiol. Le reste appartient à l'histoire.

# 124

Benzema est aussi surnommé « le chat » en raison d'un commentaire de José Mourinho lorsqu'il était l'entraîneur du Real Madrid. Pendant une conférence de presse, il se plaint de l'absence de recrues qui l'obligeait à aligner le seul attaquant disponible, c'est-à-dire Benzema : « Si je n'ai pas de chien pour aller à la chasse, je prends mon chat parce que c'est tout ce que j'ai. »

# MOTS-CROISÉS : LIGUE 1

**HORIZONTAL**

**1.** Il a remporté son premier championnat lors de la saison 1985-1986 – **6.** Détient le record d'invincibilité sur une saison – **9.** Meilleur marqueur de la Ligue 1 en 2015-2016

**VERTICAL**

**1.** Joueur portugais ayant remporté 3 fois le titre de meilleur buteur – **3.** Meilleur marqueur de la Ligue 1 en 2016-2017 – **4.** Détient le record du plus grand nombre de saisons disputées en Ligue 1 – **5.** Équipe arrivée dernière lors de la saison 2021-2022 -**7.** Il a remporté le championnat de France en 2016-2017 – **8.** Meilleur buteur de l'histoire de la Ligue 1 – **10.** Meilleur buteur de l'histoire du PSG

*Les solutions sont à la page 119*

# 125

Alessandro Del Piero, lorsqu'il jouait encore, était appelé « Pinturicchio ». Ce surnom lui a été donné par un illustre personnage : l'avocat Gianni Agnelli. L'ancien président des bianconeri avait l'habitude de comparer ses joueurs aux artistes de la Renaissance. Un jour, en parlant de Del Piero, jeune joueur prometteur, il déclara : « Baggio est Raphael ? Del Piero est Pinturicchio. » Depuis ce moment, le surnom de « Pinturicchio » a accompagné Alex Del Piero pendant toute sa carrière de footballeur.

# 126

Incroyable mais vrai, il existe en Turquie un stade en forme de crocodile. Le stade en question est la Timsah Arena, situé à Bursa et inauguré en 2015 pour accueillir les rencontres de Bursaspor. Le stade est de couleur verte avec une tête de crocodile.

# 127

Nous sommes à Macapá, dans le nord-est du Brésil, où se trouve le stade Milton De Sousa Correa, connus de tous sous le nom de Zerão (Grand Zéro). Dans ce cas, la particularité frappante ne concerne pas sa structure, mais sa position. En effet, la ligne de l'équateur le divise exactement en deux, au niveau de la ligne médiane du terrain. En d'autres termes, on attaque dans l'hémisphère sud et on défend dans l'hémisphère nord, et vice versa. En raison de cette particularité incroyable, le stade Zerão, appelé ainsi en raison de la latitude 0° 0' 0", est aussi surnommé « stade des deux hémisphères » ou « stade du centre du monde ».

# 128

Le stade « Municipal » de Braga, où évolue le SC Braga, conçu par l'architecte Eduardo Souto de Moura, présente la particularité d'être niché à flanc de montagne (en réalité une carrière) sur laquelle repose l'une des tribunes. Ce stade a accueilli plusieurs matchs du Championnat d'Europe 2004.

# 129

Nous sommes à Londres, plus précisément dans le quartier de Fulham, où se situe le Craven Cottage au bord de la Tamise. Il s'agit d'un petit stade qui compte 25 700 places, mais sa structure en briques et 70 % des sièges en bois lui donnent une certaine élégance, au point de faire partie du classement des dix plus stades du monde établi par le « Times ».

# 130

Au Pérou se trouve le stade de football le plus « haut » du monde. En effet, l'édifice se situe à une altitude de 4 380 mètres et porte le nom de Daniel Alcides Carriòn de Cerro de Pasco. L'Uniòn Minas y joue ses matchs à domicile devant huit mille spectateurs. Récemment, les joueurs du Sport Boys de Tocache ont eu recours à des bouteilles d'oxygène parce qu'il est très difficile de respirer. On comprend mieux pourquoi personne ne veut jouer dans ce stade.

# 131

Le stade du Tatran Cierny Balog, club slovaque amateur, est devenu célèbre parce qu'il y passe un train à vapeur datant de la fin du 19ème siècle. Les rails sont situés entre le terrain et la tribune. Chose amusante, lorsque le train passe, la locomotive siffle pour encourager l'équipe locale.

# 132

Le World games stadium de Kaohsiung, à Taiwan, présente une forme particulière qui rappelle celle du corps d'un dragon ou d'un serpent. Mais sa plus grande originalité concerne ses matériaux de construction : le stade est recouvert de neuf mille panneaux solaires destinés à alimenter l'ensemble du bâtiment.

# 133

Nous sommes en Croatie, plus précisément à Imotski, en Dalmatie, où évolue le club du NK. Le stade Gospin dolac est situé au bord d'une falaise, sur la crête du lac Modro. Il y a en effet de grandes chances que le ballon fasse un plongeon dans le lac.

# 134

Victor Osimhen est né le 29 décembre 1998 à Lagos, au Nigéria. Il a perdu sa mère à l'âge de 6 ans et son frère, lui aussi attaquant, a abandonné le football pour aider financièrement sa famille. Le petit Victor s'est alors mis à vendre des bouteilles d'eau dans les rues de Lagos.

# 135

Osimhen détient un titre international avec le Nigéria : il a remporté la Coupe du monde des moins de 17 ans en inscrivant 10 buts, un record dans cette compétition.

# 136

Khvicha Kvaratskhelia, né à Tbilisi, en Georgia, est un enfant de la balle : son père, Badri, a joué comme attaquant en Azerbaïdjan et pour la sélection azérie en 2000, après avoir été naturalisé. Kvara a choisi de conserver sa nationalité pour défendre les couleurs de la Géorgie.

# 137

Kvaratskhelia est le troisième joueur géorgien de l'histoire de la Serie A. Il succède à Kakha Kaladze qui a débuté en 2001 sous le maillot du Milan et à Levan Mch'edlidze arrivé à Palerme en 2008.

# 138

Kvaratskhelia, au-delà de son talent de footballeur, est aussi très fort au basket : on peut voir des vidéos sur les réseaux sociaux où le Géorgien marque des lancers francs et des tirs à trois points longue distance. À cet égard, Kvara est un grand supporter des Golden State Warriors. Parmi d'autres sports, il aime aussi le tennis.

# 139

Didier Deschamps, champion du monde avec la France en 2018, était un joueur de rugby pour le Biarritz Olympique avant d'entreprendre une carrière de footballeur et d'entraîneur. Après s'être rendu compte que le football était sa vraie passion, il abandonne le rugby. Il débute ensuite une carrière dans le football avec le club amateur de l'Aviron Bayonnais, tout en poursuivant ses études. L'entraîneur français est également un véritable amoureux du Padel.

# 140

Raymond Kopa est le premier joueur français à avoir remporté le Ballon d'or en 1958.

# 141

Zlatan Ibrahimovic a raconté sa vie à Rosengard, banlieue de Malmo, avouant qu'il aimait voler des vélos lorsqu'il était enfant.

# 142

Ibra a même gagné un Disque d'or. En effet, en Suède, pour un spot publicitaire, il jouait sa propre version de l'hymne suédois, « Du gamla du fria ». Le morceau a été visionné plus de trois millions de fois.

# 143

En 2012, le Sprakradet, institut de protection des langues scandinaves, a publié une liste des 40 nouveaux mots entrés dans l'usage commun. On retrouve notamment le verbe « zlatanera », qui signifie « dominer » ou « faire quelque chose avec force ».

# 144

Ibra est un passionné de Padel, tant et si bien qu'il a inauguré son temple dédié à ce sport. Il existe plusieurs sites en Suède, évidemment avec sa marque personnalisée du Z de Zlatan.

# 145

«Zlatan ne fait pas d'essai.» Voici la phrase prononcée par le jeune Ibra à Arsène Wenger qui voulait lui faire passer un essai avec Arsenal. Le géant Suédois a révélé cette anecdote à la Sky : « Je lui ai dit que je ne faisais pas d'essai : tu me prends ou non, je ne suis pas ici pour perdre mon temps. »

# 146

Ibrahimovic est ceinture noire de Taekwondo. Fait unique, il a réalisé certaines techniques de cet art martial sur les terrains de football.

# 147

La première édition de la Primeira Liga, la plus haute division du championnat portugais, a été remportée par Porto en 1934-35.

# 148

Le meilleur marqueur de l'histoire de la Primeira Liga est Fernando Peyroteo, lequel a inscrit 332 buts en seulement 197 matchs sous les couleurs du Sporting Lisbonne. Suit Eusébio, avec 320 buts en 313 matchs sous les couleurs de Benfica.

# 149

Héctor Yazalde est le joueur ayant marqué le plus grand nombre de buts sur une saison de Primeira Liga : 46 buts lors de la saison 1973-74.

# 150

La Super Coupe d'Italie voit s'affronter chaque année le club champion d'Italie à celui ayant remporté la Coupe d'Italie. Si un club remporte les deux compétitions la même année, la Super Coupe verra s'affronter l'équipe en question et le finaliste perdant de la coupe nationale. La première finale de Super Coupe s'est jouée le 14 juin 1989 et a été remportée par le Milan face à la Sampdoria sur le score de 3-1.

# DEVINETTES

1. Je suis le joueur qui porte un maillot de couleur différente de celui de mes coéquipiers. Qui suis-je?

   ______________________

2. Je suis le trophée le plus important du football européen. Qui suis-je? ______________________
3. Je suis le gardien de but ayant remporté la Coupe du monde 2006. Qui suis-je?

   ______________________

4. Je suis le joueur ayant remporté le plus grand nombre de Ballons d'or dans l'histoire du football. Qui suis-je? ______________________
5. Je suis le joueur brésilien ayant remporté trois Coupes du monde. Qui suis-je?

   ______________________

6. Je suis le club de football ayant remporté le plus grand nombre de Ligue des champions. Qui suis-je? ______________________
7. Je suis la plus ancienne compétition de football du monde entre équipes internationales. Qui suis-je?

   ______________________

8. Je suis le club de football italien ayant remporté le plus grand nombre de championnats nationaux. Qui suis-je?

______________________

9. Je suis le joueur portugais ayant remporté le plus grand nombre de Ballons d'or. Qui suis-je?

______________________

10. Je suis le footballeur français ayant remporté la Coupe du monde en 1998 et le Ballon d'or en 2000. Qui suis-je? ______________________

11. Je suis la plus importante compétition de football d'Amérique du Sud entre équipes de club. Qui suis-je? ______________________

12. Je suis le joueur italien ayant remporté le Ballon d'or en 1982. Qui suis-je?

______________________

13. Je suis le joueur allemand ayant remporté le Ballon d'or en 1972. Qui suis-je?

______________________

14. Nous sommes les deux équipes qui nous affrontons lors du « clásico ». Qui sommes-nous? ______________________

## QUIZ FINAL : TESTEZ VOS CONNAISSANCES !

1) Quelle équipe a participé à tous les championnats de Serie A?

a) Roma
b) Inter
c) Milan
d) Lazio

2) Qui est le meilleur buteur de l'histoire de PSG?

a) Zlatan Ibrahimovic
b) Neymar
c) Kylian Mbappé
d) Edinson Cavani

3) Qui a remporté la première édition de la Coupe du monde?

a) Argentine
b) Brésil
c) Angleterre
d) Uruguay

4) Qui a remporté le plus grand nombre de Souliers d'or?

a) Lionel Messi
b) Cristiano Ronaldo
c) Robert Lewandowski
d) Ciro Immobile

5) En quelle année Leicester a-t-il remporté son unique Premier League?

a) 2016-2017
b) 2015-2016
c) 2017-2018
d) 1988-1989

6) Qui est le plus jeune Ballon d'or de l'histoire?

a) Lionel Messi
b) Ronaldo « le phénomène »
c) Michael Owen
d) Van Basten

7) Où Osimhen est-il né?

a) Dakar, Sénégal
b) Addis Abeba, Ethiopie
c) Lagos, Nigéria
d) Yamoussoukro, Côte d'Ivoire

8) Qui a remporté la première édition de la Ligue des champions?

a) Real Madrid
b) Benfica
c) Milan
d) Ajax

9) Quelle est l'origine de Karim Benzema?

a) Marocaine
b) Egyptienne
c) Algérienne
d) Tunisienne

10) Qui a remporté le premier championnat de Serie A de l'histoire?

a) Juventus
b) Pro Vercelli
c) Milan
d) Genoa

11) Qui a remporté le premier Ballon d'or féminin de l'histoire?

a) Alexia Putellas
b) Ada Hegerberg
c) Megan Rapinoe
d) Alex Morgan

12) Lequel de ces joueurs suit un régime végan?

a) Adrien Rabiot
b) Luka Modric
c) Chris Smalling
d) Harry Maguire

13) Dans laquelle de ces équipes Roberto Baggio n'a jamais joué?

a) Fiorentina
b) Juventus
c) Inter
d) Napoli

14) Combien de Ligue des champions l'Ajax a-t-elle remportées?

a) 4
b) 3
c) 2
d) 1

15) Lequel de ces stades ne se trouve pas en Europe?

a) Ramòn Sànchez Pizjuàn
b) La Bombonera
c) Estàdio da Luz
d) Stade Roi Bauduin

16) Quelle équipe possède le plus de supporters en France?

a. PSG
b. Olympique de Marseille
c. Olympique Lyonnais
d. Saint Etienne

17) Laquelle de ces équipes n'a jamais remporté la Ligue des champions?

a. Celtic Glasgow
b. Aston Villa
c. Steaua Bucarest
d. Atlético Madrid

18) Le surnom de Dybala est « la Joya » : que signifie-il?

a. La joie
b. Le joyau
c. Le diamant
d. La perle

19) Comment Del Piero était-il surnommé lorsqu'il jouait?

a. Pinturicchio
b. Raffaello
c. Caravaggio
d. Donatello

20) Laquelle de ces équipes nationales n'a jamais remporté le Mondial?

a. Angleterre
b. Pays-Bas
c. Uruguay
d. Espagne

21) Quelle est l'équipe la plus titrée du Portugal?

a. Sporting Lisbonne
b. Porto
c. Benfica
d. Braga

22) Quel est le premier footballeur géorgien à avoir joué en Serie A?

a. Kakha Kaladze
b. Levan Mch'edlidze
c. Khvicha Kvaratskhelia
d. Levan K'obiashvili

23) Où Cristiano Ronaldo est-il né?

a. Lisbonne, Portugal
b. Funchal, Madère
c. Coimbra, Portugal
d. Horta, Açores

24) Qui a été le premier joueur français à remporter le ballon d'or?

a. Didier Deshamps
b. Michel Platini
c. Raymond Kopa
d. Zinedine Zidane

25) Lequel de ces joueurs a inscrit le plus de buts dans sa carrière?

a. Rogerio Ceni
b. Paolo Maldini
c. Andrea Pirlo
d. Marco Borriello

26) Quel est le véritable nom de Kaká?

a. Ronaldo de Assis Moreira
b. Robson de Souza Santos
c. Ricardo Izecson dos Santos Leite
d. Ricardo Roberto Barreto de Rocha

27) Qui a remporté le Ballon d’or africain en 2009?

a. Didier Drogba
b. Samuel Eto’o
c. Yaya Touré
d. Emmanuel Adebayor

28) Lequel de ces footballeurs n’a jamais joué pour Manchester United?

a. Danny Welbeck
b. Romelu Lukaku
c. Matteo Darmian
d. Mario Balotelli

29) Quelles sont les couleurs officielles de Toulouse?

a. Blanc et rouge
b. Blanc et violet
c. Jaune et bleu
d. Rouge et bleu

30) Lequel de ces joueurs a inscrit le plus de buts en équipe nationale?

a. Benzema
b. Platini
c. Giroud
d. Henry

# SOLUTIONS

**TROUVEZ LE JOUEUR CACHÉ** (page 19)

1. Galatasaray - 2. Simeone - 3. Utrecht - 4. Vélodrome - 5. Torino - 6. Azteca - 7. Kalidou - 8. Zakaria

Joueur caché : Goretzka

**MOTS-CROISÉS SUR LE FOOTBALL** (page 36)

**Vertical**
1. Griffon - 3. Piola - 4. Anfield - 7. Douze - 9. Donatello

**Horizontal**
2. Rosario - 5. Giovinco - 6. Lys - 8. Dzeko - 10. Nordahl - 11. Espagne – 12. Nedved – 13. Cules

**MOTS CACHÉS** (page 54)

Bernabeu, Deshamps, Giroud, Pedri, Gavi, Iniesta, Mestalla, Buffon, Maignan, Guardiola, Rabiot, Upamecano

## MOTS-CROISÉS : ÉQUIPES NATIONALES (page 71)

**Horizontal**
3. Buffon - 7. Orange - 8. Riva - 12. Aboubakar - 13. Argentine – 14. Bresil

**Vertical**
1. Croatie - 2. Zidane - 3. Belgique - 5. Blanc - 6. Modric - 9. Kane - 10. Mane – 11. Maroc – 14. Bearzot

## MOTS-CROISÉS : LIGUE 1 (page 88)

**Horizontal**
1. Psg – 6. Strasbourg - 9. Ibrahimovic

**Vertical**
1.Pauleta - 3. Cavani - 4. Marseille - 5. Bordeaux - 7. Monaco - 8. Onnis – 10. Mbappé

**DEVINETTES** (page 107)

1. Le gardien
2. La Ligue des champions
3. Gianluigi Buffon
4. Lionel Messi
5. Pelé
6. Le Real Madrid
7. La Coupe du monde
8. La Juventus
9. Cristiano Ronaldo
10. Zinedine Zidane
11. La Coppa Libertadores
12. Paolo Rossi
13. Franz Beckenbauer
14. Barcelone et le Real Madrid

**QUIZ FINAL** (page 109)

**1.** b - **2.** c - **3.** d - **4.** a - **5.** b - **6.** b - **7.** c - **8.** a - **9.** c - **10.** d - **11.** c - **12.** c - **13.** d - **14.** a - **15.** b - **16.** a - **17.** d - **18.** b - **19.** a - **20.** b - **21.** c - **22.** a - **23.** b - **24.** c - **25.** a - **26.** c - **27.** a - **28.** d - **29.** b - **30.** c

11

Cher lecteur, nous sommes arrivés à la fin de ce livre. Nous espérons qu'il vous a plu et que vous vous êtes amusé !
Si vous êtes satisfait, faites le savoir par un commentaire sur Amazon. Nous lisons les avis de nos lecteurs car cela nous aide à améliorer la qualité et le contenu de nos livres !

**Cadeau bonus : scannez le code QR pour télécharger les dessins à colorier de tous vos footballeurs préférés. Imprimez-les et amusez-vous à tous les colorier!**

Printed in France by Amazon
Brétigny-sur-Orge, FR

17080159R00077